AF221744

Impressum
Verlag: BABADADA GmbH, Nedderfeld 112 , 22529 Hamburg
Geschäftsführer / Verlagsleitung: Harald Hof
Druck: Books on Demand GmbH, In de Tarpen 42, 22848 Norderstedt

Imprint
Publisher: BABADADA GmbH, Nedderfeld 112 , 22529 Hamburg, Germany
Managing Director / Publishing direction: Harald Hof
Print: Books on Demand GmbH, In de Tarpen 42, 22848 Norderstedt, Germany

škola

ቤት-ትምህርቲ

učionica
ክፍሊ, ክላስ
dijeliti
መቀለ
186/2
tabla
ሰሌዳ
školsko dvorište
učitelj, nastavnik
መምህር
papir
ወረቐት
pisati
olovka
መጽሓፊ
pisaći sto
ጣውላ ምጽሓፍ
lenjir
መስመር
knjiga
መጽሓፍ
učenik
ተመሃራይ

torba

ሳንጣ ትምህርቲ

pernica

ሰፈር ብርዒ

drvena olovka

ርሳስ

šiljalo za olovke

መብልሒ ርሳስ

gumica

መደምሰሲ

blok za crtanje

ጥራዝ ስእሊ

crtež

ስእሊ

kist

ብርዒ ቀለም

kutija s bojama

ቦክስ ቀለም

makaze

መቐስ

ljepilo

መጣበቒ

vježbanka

ጥራዝ መላመዲ

domaća zadaća

ዕዮ ገዛ

broj

ቁጽሪ

sabirati

ወሰኽ

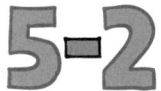

oduzimati

ጎደለ

množiti

ረብሐ

računati

ደመረ

slovo

ፊደል

abeceda

ስርዓት ፊደላት

riječ

ቃል

tekst

ጽሑፍ

čitati

ኣንበበ

kreda

ኩርሽ

sat

ሰዓት

školski dnevnik

መዝገብ ክላስ

ispit

መርመራ

svjedočanstvo

ሰርቲፊኬት

školska uniforma

ድቢዛ ቤትትምህርቲ

izobrazba

ትምህርቲ

leksikon

ለክሲኮን

univerzitet

ዩኒቨርሲቲ

mikroskop

ሚክሮስኮፕ

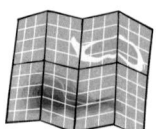

karta

ካርታ

korpa za papir

ጉሓፍ ወረቐት

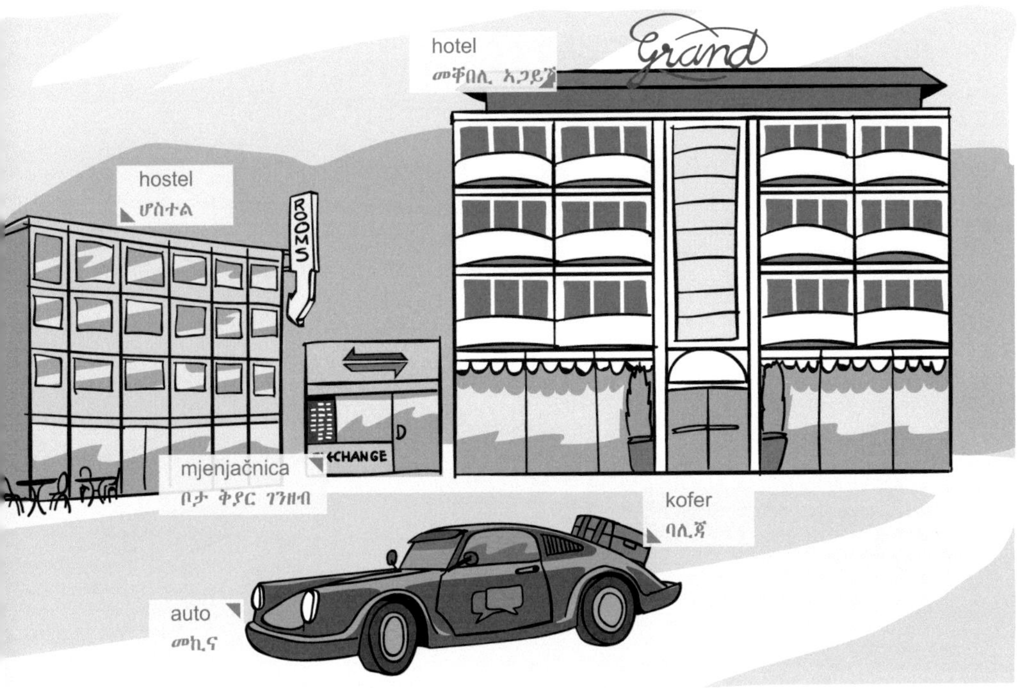

hotel
መቐበሊ ኣጋይሽ
Grand
hostel
ሆስተል
ROOMS
mjenjačnica
ቦታ ቅያር ገንዘብ
kofer
ባሊጃ
auto
መኪና

jezik

ቋንቋ

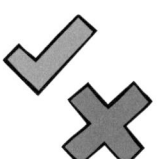

da / ne

እወ / ኖ

okej

ሕራይ

zdravo

ሰላም

tumač

ኣስተርጓሚ

hvala

የቐንየለይ

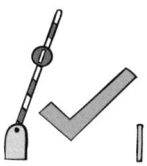

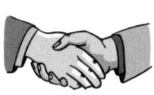

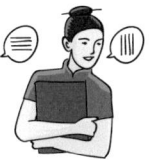

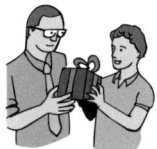

Koliko košta...?

. . . ክንደይ ዋግኡ?

Ne razumijem

ኣይተረድኣኹን

problem

ሽግር

dobro veče!

ሰላም ምሸት!

Dobro jutro!

ከመይ ሓዲርካ

Laku noć!

ሰላም ለይቲ

doviđenja

ደሓን ኩን

smjer

ኣንፈት

prtljag

ጉዓዝ

torba

ሳንጣ

ruksak

ሳንጣ ሕቖ

gost

ጋሻ

soba

ክፍሊ

vreća za spavanje

ክሻ መደቀሲ

šator

ቴንዳ

turističke informacije

ሓበሬታ በጻሕቲ ሃገር

plaža

ገምገም ባሕሪ

kreditna kartica

ክረዲት ካርድ

doručak

ቁርሲ

ručak

ምሳሕ

večera

ድራር

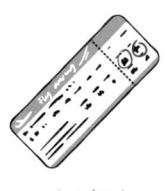

putna karta

ቲከት

lift

ሊፍት

poštanska markica

ማሕተም ደብዳበ

granica

ዶብ

carina

ድጓና

ambasada

ኣምበሲ

viza

ቪዛ

pasoš

ፓስፖርት

transport

መጓዓዝያ

avion
ነፋሪት
brod
መርከብ
vatrogasno vozilo
መኪና መጥፋኢ ሓዊ
autobus
kamion
ናይ ጽዕነት መኪና
motorni čamac
ጃልባ ሞቶር
auto
መኪና
biciklo
ብሽግለታ

trajekt

ፌሪ

brod

ጃልባ

motocikl

ሞቶ

policijski automobil

መኪና ፖሊስ

trkaći automobil

መኪና ቅድድም

unajmljeni automobil

ክራይ መኪና

kar-šering

ምውፋይ መካይን

pauk

መወሰዲ መኪና

smećarsko vozilo

መኪና ጎሓፍ

motor

ሞቶር

gorivo

ነዳዲ

benzinska pumpa

እንዳ ነዳዲ

saobraćajni znak

ምልክት ትራፊክ

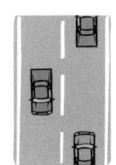

saobraćaj

ትራፊክ

zastoj

ምጭቕጫቕ ትራፊክ

parking

መዐሸጊ መኪና

željeznička stanica

መዕረፊ ባቡር

šine

ሓዲግ

voz

ባቡር

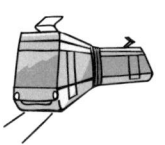

tramvaj

ትረም

vagon

ባጎኒ

helikopter

ሄሊኮፕተር

aerodrom

መዓረፊ ነፈርቲ

toranj

ታወር

putnik

ተጉዓዚ

kontejner

ኮንተይነር

karton

ሳንዱቕ ካርቶን

tačke

ኮርሳ ጽዕነት

korpa

ዘንቢል

poletjeti / sletjeti

ተበገሰ / ዓለበ

grad

ከተማ

selo

ቍሸት

centar grada

ማእከል ከተማ

kuća

ገዛ

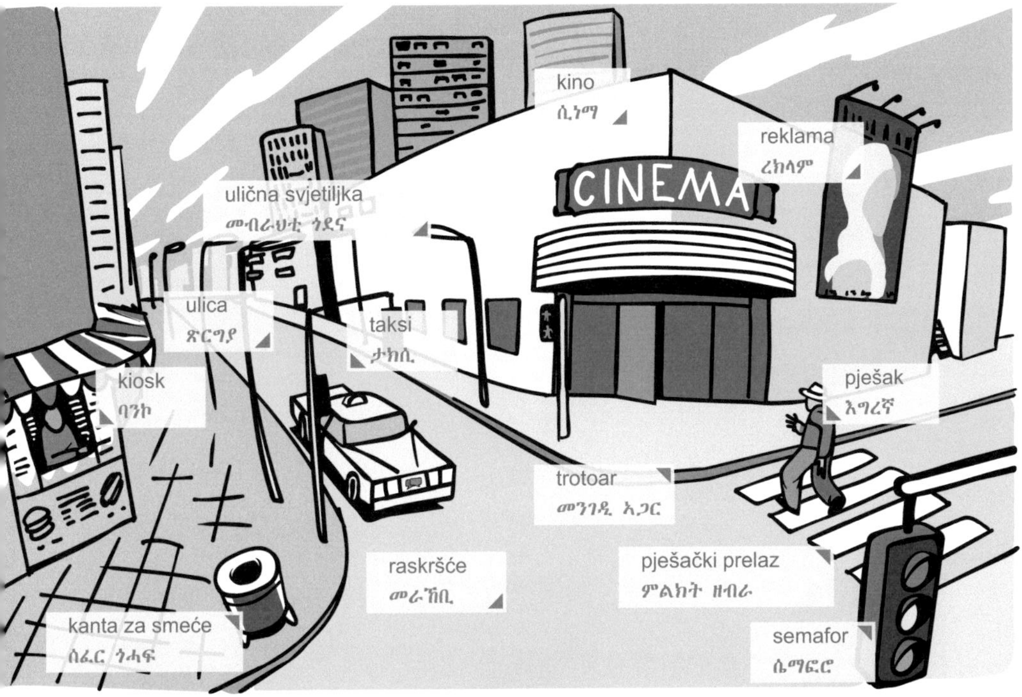

kino
ሲኔማ

reklama
ረክላም

ulična svjetiljka
መብራህቲ ጎደና

CINEMA

ulica
ጽርግያ

taksi
ታክሲ

kiosk
ባንኮ

pješak
እግረኛ

trotoar
መንገዲ እግር

raskršće
መራኸቢ

pješački prelaz
ምልክት ዘብራ

kanta za smeće
ስፈር ጎሓፍ

semafor
ሴማፎር

koliba

አጉዶ

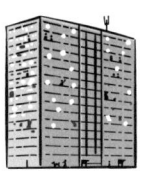

stan

አፓርትመንት

željeznička stanica

መዕረፊ ባቡር

vjećnica

ቤት ምምሕዳር

muzej

ቤተ መዘክር

škola

ቤት-ትምህርቲ

univerzitet

ዩኒቨርሲቲ

banka

ባንክ

bolnica

ሆስፒታል

hotel

መቐበሊ ኣጋይሽ

apoteka

ቤት መድሃኒት

ured

ቤት ጽሕፈት

knjižara

ዱኳን መጽሓፍቲ

radnja

ዱኳን

cvjećara

ዱኳን ዕንባባ

supermarket

ሱፐርማርክት

pijaca

ዕዳጋ

robna kuća

ሹቕ

prodavač ribe

ነጋዳይ ዓሳ

trgovački centar

ሹቕ

luka

መርሳ

park

መዘናግዒ

klupa

ባንኪ

most

ድልድል

stepenice

መደያይቦ

podzemna željeznica

ባቡር ትሕቲ ምድሪ

tunel

ቢንቶ

autobuska stanica

መዕረፊ ኣውቶቡስ

bar

ቤት መስተ

restoran

ቤት-መግቢ

poštanski sandučić

ሰታሪት

saobraćajni znak

ታቤላ

sat za naplatu parkinga

ሰዓት ፓርኪንግ

zološki vrt

መካነ እንስሳታት

bazen

መሓምበሲ

džamija

መስጊድ

seosko imanje

ቤት ሕርሻ

zagađenje okoline

ብከላ

groblje

መቓብር

crkva

ቤተክርስትያን

igralište

ቦታ ምጽዋት

hram

ቤት መቕደስ

krajolik

ስእሊ መሬት

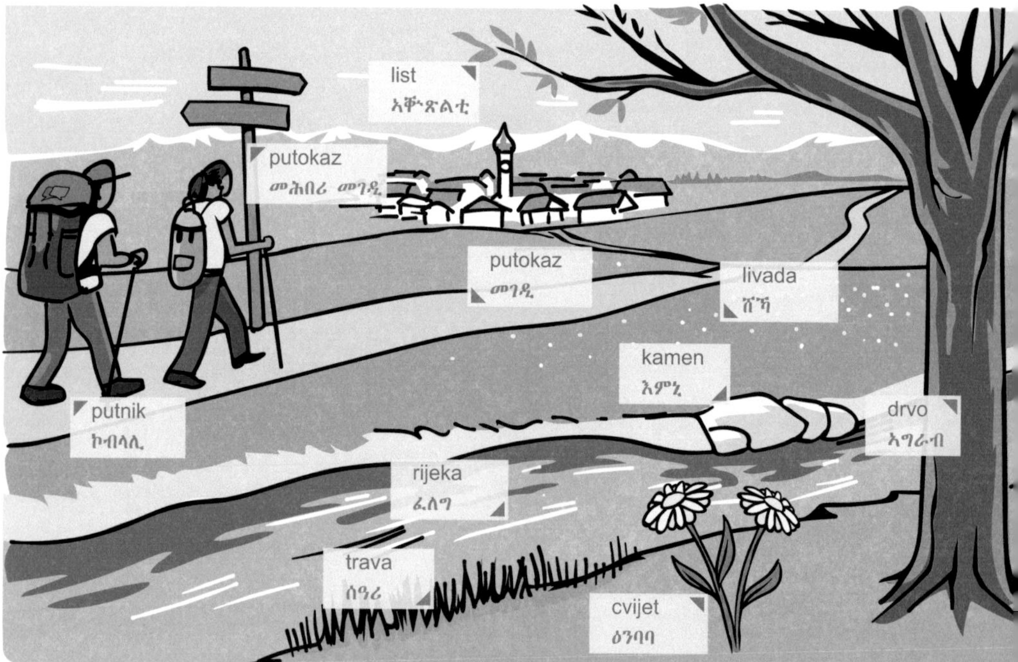

list
putokaz
መሕበሪ መገዲ
putokaz
መገዲ
livada
kamen
እምኒ
putnik
ኮብላሊ
drvo
ኣግራብ
rijeka
ፈለግ
trava
cvijet
ዕንባባ

dolina

ስንጭሮ

brdo

ጎቦ

jezero

ቀላይ

šuma

ዱር

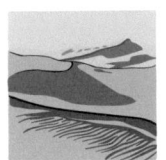

pustinja

ምድረ በዳ

vulkan

እሳተ-ጎመራ

dvorac

ግምቢ

duga

ቀስተ-ደመና

gljiva

ቃንጥሻ

palma

ዓርኮብኮባይ

komarac

ጣንጡ

muha

ሃመማ

mrav

ጻጸ

pčela

ንህቢ

pauk

ሳሬት

buba

ሕንዚዝ

žaba

ዕንቅርዖብ

vjeverica

ምጽጹላይ

jež

ቅንፍዝ

zec

ማንቲለ

sova

ጉንጓ

ptica

ጭሩ

labud

ስዋን

divlja svinja

መፍለስ

jelen

ዓጋዘን

los

ሙስ

brana

ግድብ

vjetrenjača

ተርባይን ንፋስ

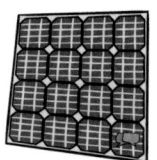

solarni modul

ሶላር ስርሓት

klima

ኩነታት ኣየር

restoran

ቤት-መግቢ

konobar
jelovnik
ካርታ
መግብታት
stolica
መንበር
supa
pica
ፒትሳ
stolnjak
ክዳን ጣውላ
pribor za jelo
መመታተሪ

predjelo

ቅድመ ቀንዲ መግቢ

glavno jelo

ቀንዲ መኣዲ

desert

ድሕረ መግቢ

piće

መስተ

jelo

መግቢ

flaša

ጥርሙዝ

brza hrana

ስሉጥ መግቢ

jelo sa ulice

መግቢ ጽርግያ

čajnik

ብርጭቆ ሻሂ

šećernica

ታኒካ ሽኮር

porcija

ክፋል

mašina za espreso

ማሺን ኤስፕረሶ

barska stolica

ነዊሕ መንበር

račun

ጸብጻብ

tacna

ታብለት

nož

ካራ

viljuška

ፋርኪታ

kašika

ማንካ

kašičica

ማንካ ሻሂ

salveta

ሰርቬየተ

čaša

ብኬሪ

tanjir

ሽሓኒ

tanjir za supu

ሽሓኒ መረቕ

tanjurić

ትሕቲ ኩባያ

sos

ጸብሒ

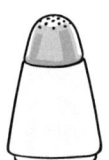

solanik

ወሃቢ ጨው

mlin za biber

መጥሓን በርበረ

sirće

ኣቸቶ

ulje

ዘይቲ

začini

ቀመም

kečap

ከቹፕ

senf

ኣድሪ

majoneza

ማዮኒዝ

supermarket

ሱፐርማርክት

ponuda
ወፈያ
klijent
ዓሚል
mliječni proizvodi
ፍርያታት ጸባ
voće
ፍረታት
kolica za kupovinu
ሰረገላ ዱኳን

mesnica- klaonica

እንዳ ስጋ

pekara

እንዳ ባኒ

vagati

ክብደት

povrće

ኣሕምልቲ

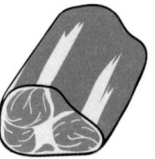

meso

ስጋ

zaleđena hrana

መግቢ ፍሪጅ በረድ

narezak

ዝሑል ቅሩብ መግቢ

konzerve

እስቃጥላ

prašak za veš

ኦሞ

slatkiši

ምቁር መግቢ

kućanski proizvodi

ዘቤታውያን ኣቕሑ

sredstvo za čišćenje

ናውቲ መጸረዩ

prodavačica

ሽቃጣይ

kasa

ካሳ

blagajnik

ተሓዝ ገንዘብ

lista za kupovinu

ዝርዝር ምግዛእ

radno vrijeme

ክፉት ሰዓታት

novčanik

ማሕፉዳ

kreditna kartica

ክረዲት ካርድ

torba

ሳንጣ

najlonska vrećica

ፌስታል

pića

መስተ

voda

ማይ

sok

ጽማቝ

mlijeko

ጸባ

kola

ኮላ

vino

ነቢት

pivo

ቢራ

alkohol

ኣልኮል

kakao

ካካው

čaj

ሻሂ

kafa

ቡን

espreso

ኤስፕረሶ

kapućino

ካፑቺኖ

jelo

መግቢ

banana

ባናና

jabuka

ቱፋሕ

narandža

ኣራንሺ

lubenica

ብርጭቕ

limun

ለሚን

mrkva

ካሮት

bijeli luk

ጻዕዳ ሽጉርቲ

bambus

ባምቡስ

crveni luk

ሽጉርቲ

gljiva

ቅንጥሻ

orašasti plodovi

ፉል

pasta

ፓስታ

špagete

ስፓገቲ

riža

ሩዝ

salata

ሰላጣ

pomfrit

ቅልዋ ድንሽ

pečeni krompir

ቅሉው ድንሽ

pica

ፒትሳ

hamburger

ሃምቡርገር

sendvič

ፓኒኖ

šnicla

ቢስተካ

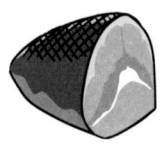

šunka

ሰለፍ ሓሰማ

kobasica

ሳላሚ

kobasica

ግዕዝም

kokoš

ደርሆ

pečenje

ቀለወ

riba

ዓሳ

24

jelo - መግቢ

zobene pahuljice

ገዓት

muzli

ሙስሊ

kornfleks

ኮርንፍለይክስ

brašno

ሓርጭ

kroason

ክሮሶን

zemičke

ባኒ

kruh

ባኒ

tost

ቶስት

keksi

ብሽኮቲ

maslac

ጠስሚ

svježi sir

ርግኦ

kolač

ፓስተ

jaje

እንቋቑሖ

jaje na oko

ቅሉው እንቋቑሖ

sir

ፋርማጆ

sladoled

ኣይስ ክሪም

šećer

ሽኮር

med

መዓር

marmelada

ጀም

nugat krema

ኑጋት-ክረም

kuri

ኩሪ

seoska kuća
ቤት ሕርሻ

sjenik
መኽዘን

bale sjena
ሓሰር ቦንዳ

polje
ግራት

konj
ፈረስ

prikolica
ተስሓቢ

ždrijebe
ዒሉ

traktor
ትራክተር

magarac
አድጊ

ovca
በጊዕ

jagnje
ዕየት

koza

ጤል

krava

ብዕራይ

tele

ምራኽ

svinja

ሓሰማ

prase

ውላድ ሓሰማ

bik

ኣርሓ

guska

ዓዓ

patka

ማይ ደርሆ

pile

ጫቑት

kokoška

ደርሆ

pjetao

ኣርሓ ደርሆ

pacov

ኣንጬዋ ዓባይ

mačka

ድሙ

miš

ኣንጭዋ

vol

ብዕራይ

pas

ከልቢ

pseća kućica

ኣጕዶ ከልቢ

crijevo za baštu

ቱባ ጀርዲን

kanta za zalijevanje

መዝፈፊ ማይ

kosa

ዓቢ ማዕጺድ

plug

ማሕረሻ

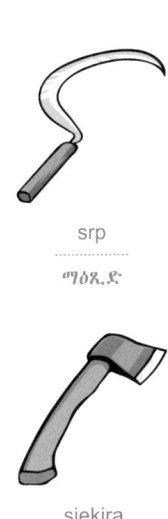

srp

ማዕጺድ

motika

ጭኽሮ

vile

መስአ

sjekira

ፋስ

tačke

ዓረብያ ኢድ

korito

ጋብላ

bokal za mlijeko

ብርጭቆ ጸባ

vreća

ክሻ

ograda

ሓጹር

štala

መንሰስ

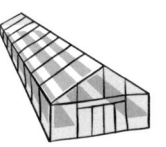

staklenik

ቆጠልያ ገዛ

tlo

ባይታ

sjeme

ዘርኢ

đubrivo

ድኹዒ

kombajn

ዘጣምር ቀውዓይ

kositi

ቀውዐ

žetva

ጻማ

jam korijen

ድንሽ ያም

pšenica

ስርናይ

soja

ሶያ

krompir

ድንሽ

kukuruz

ዕፉን

uljana repica

ራፕስ

drvo voća

ገረብ ፍረታት

manioka

ማኒኦክ

žito

ኣእኻል

kuća

ገዛ

dimnjak
መውጽእ ትኪ
krov
ናሕሲ
oluk
መውሓዝ ዝናብ
prozor
መስኮት
garaža
ጋራጅ
zvono
ጭር መበሊት
vrata
ማዕጾ
kanta za smeće
ጎሓፍ መገለል
poštanski sandučić
ቦክስ ደብዳበ
bašta
ጀርዲን

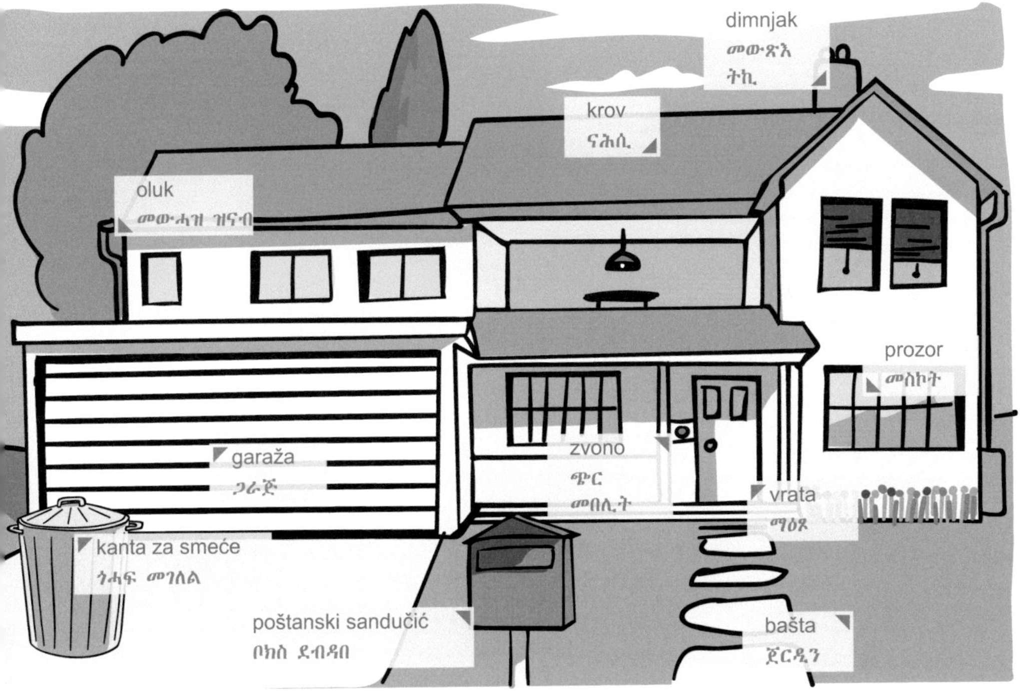

dnevni boravak

ክፍሊ ምቕማጥ

kupatilo

ክፍሊ ባንዮ

kuhinja

ክሽነ

spavaća soba

ክፍሊ መደቀሲ

dječija soba

ክፍሊ ቆልዑ

trpezarija

መመገቢ ክፍሊ

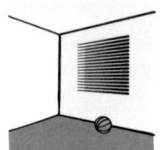

pod, tlo

ባይታ

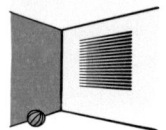

zid

መንደቕ

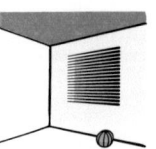

plafon

ከቦርታ

podrum

ካንቲና

sauna

ሳውና

balkon

ባልኮን

terasa

ዛላ

bazen

መሕምበሲ

kosilica

መቑረጺ ሳዕሪ

posteljina

ኣንሶላ ዓራት

pokrivač

ከቦርታ ዓራት

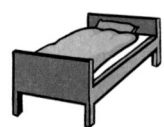

krevet

ዓራት

metla

መኾስተር

kanta

መገለል

prekidač

መወልዒት

dnevni boravak

ክፍሊ ምቕማጥ

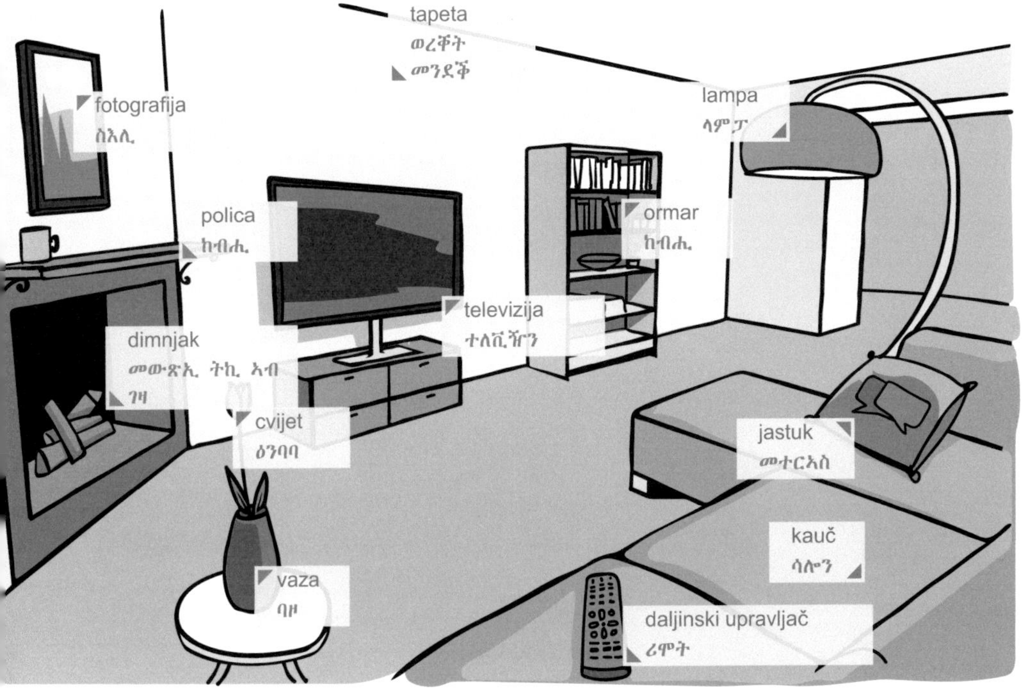

tapeta
ወረቐት መንደቕ
fotografija
ስእሊ
lampa
ላምፓ
polica
ከብሒ
ormar
ከብሒ
televizija
ተለቪዥን
dimnjak
መውጽኢ ትኪ ኣብ ገዛ
cvijet
ዕንባባ
jastuk
መተርኣስ
kauč
ሳሎን
vaza
ባዞ
daljinski upravljač
ሪሞት

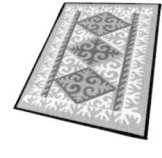

tepih

መንጸፍ

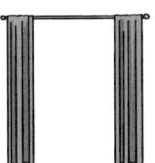

zavjesa

መጋረጃ

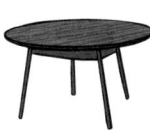

stol

ጣውላ

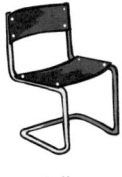

stolica

መንበር

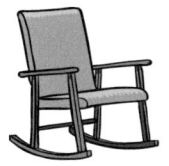

stolica za ljuljanje

ሰለል ዝብል መንበር

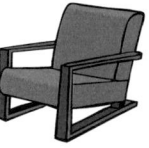

fotelja

መንበር ምቹእ

knjiga

መጽሓፍ

deka

ከቦርታ

dekoracija

ስልማት

ložno drvo

እንጨይቲ ሓዊ

film

ፊልም

stereo uređaj

ስተረዮ

ključ

መፍትሕ

novine

ጋዜጣ

umjetnička slika

ቕብኣ

poster

ፖስተር

radio

ረድዮ

blok za bilješke

ጥራዝ

usisavač

መልገሲ ደሮና

kaktus

በለስ

svijeća

ሽምዓ

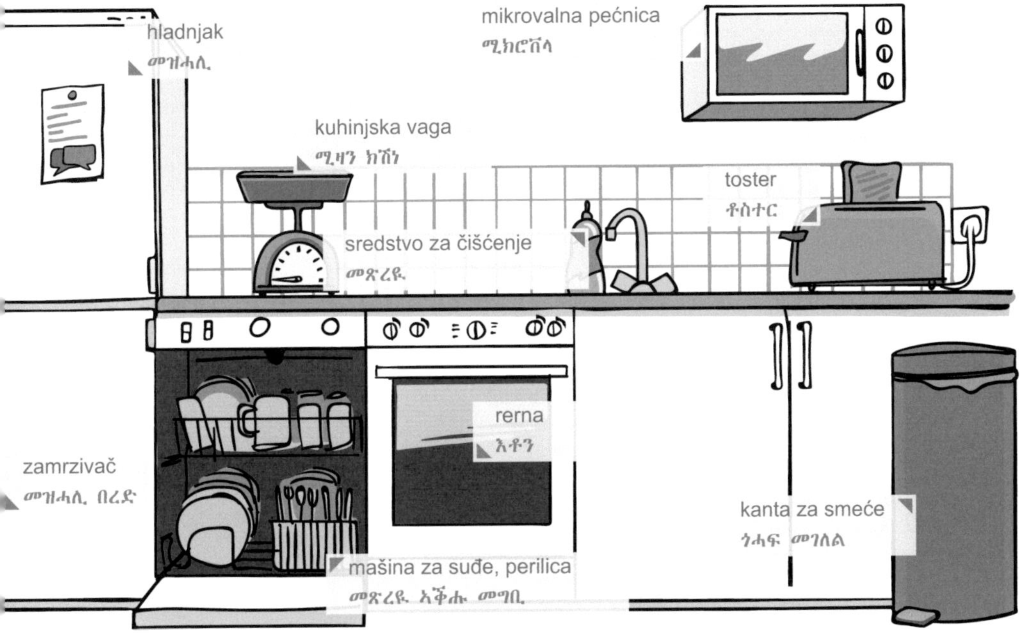

hladnjak
መዝሓሊ
mikrovalna pećnica
ሚክሮቨላ
kuhinjska vaga
ሚዛን ክሽነ
toster
ቶስተር
sredstvo za čišćenje
መጽረዪ
rerna
እቶን
zamrzivač
መዝሓሊ በረድ
kanta za smeće
ጎሓፍ መገለል
mašina za suđe, perilica
መጽረዪ ኣቕሑ መግቢ

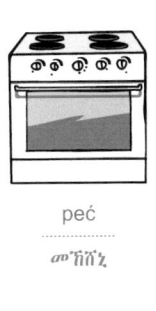

peć

መኸሸኒ

lonac

ድስቲ

metalni lonac

ድስቲ ሓጺን

vok / kadai

ቮክ/ካዳይ

tava, tiganj

ባደላ

kuhalo

መውዓዪ ማይ

kuhinja - ክሽነ

aparat za kuhanje na pari

መፍልሒ

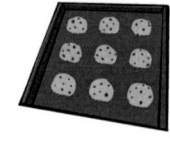

lim za pečenje

ጓንቴራ ምስንካት

posuđe

ኣቕሑ መግቢ

šalica

ብርጭቆ

činija

ጭሖሎ

kineski štapići

ማንካቺና

kutlača

ማንካ መረቕ

lopatica

መገልበጢ ባደላ

metlica za snijeg bjelanjca

መኹስተር ውርጪ

sito za kuhanje

መንፊት መግቢ

sito

መንፊት

ribež

መፋሕፍሒ

avan s tučkom

ሞርታር

roštilj

ባርቢክዩ

ložište

ስፍራ ሓዊ

daska

እንጨይቲ ምምታር

oklagija

እንጨይቲ ኲረር

vadičep

መኽፈት ቡሽ

konzerva

ታኒካ

otvarač za konzerve

መኽፈቲ ታኒካ

krpe za lonac

ጨርቂ ድስቲ

sudoper

ቡምባ

četka

ኣስባስላ

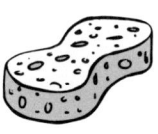

spužva

ሰፍነግ

mikser

ሓዋሲ ኣደባላቒ

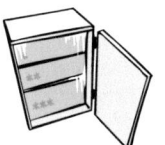

zamrzivač

መዝሓሊ በረድ

flašica za bebu

ጥርሙዝ ማማይ

slavina

ቡምባ ማይ

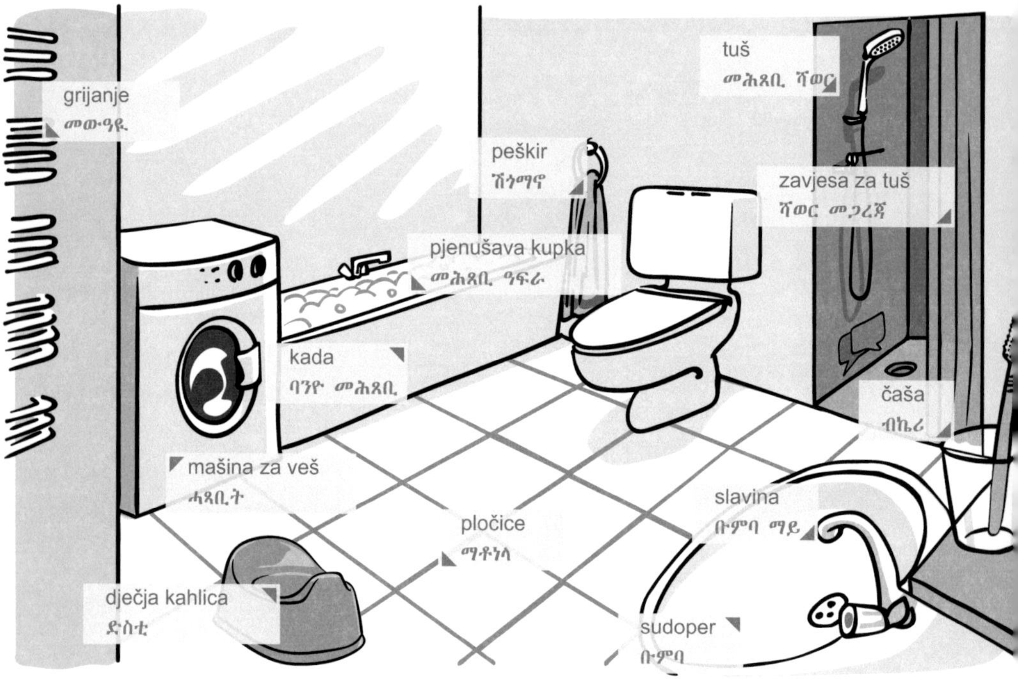

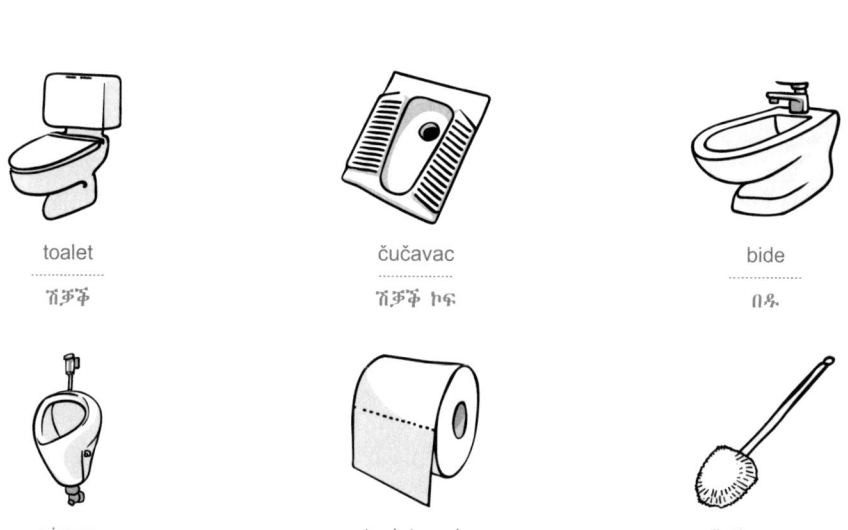

grijanje
መውዓዪ

tuš
መሕጸቢ ሻወር

peškir
ሽጎማኖ

zavjesa za tuš
ሻወር መጋረጃ

pjenušava kupka
መሕጸቢ ዓፍራ

kada
ባንዮ መሕጸቢ

čaša
ብኬሪ

mašina za veš
ሓጻቢት

slavina
ቡምባ ማይ

pločice
ማቶነላ

dječja kahlica
ድስቲ

sudoper
ቡምባ

toalet	čučavac	bide
ሽቓቕ	ሽቓቕ ኮፍ	በዱ

pisoar	toalet papir	četka za wc
ሽቓቕ ተባዕታይ	ወረቐት ሽቓቕ	ኣስባስላ ሽቓቕ

četkica za zube

ኣስባስላ ስኒ

pasta za zube

ክረማ ስኒ

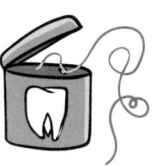

zubni konac

ሃሪ ስኒ

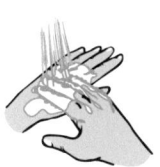

prati

ሓጸበ

tuš

ዱሽ ኢድ

intimni tuš

ዱሽ

lavor

ብርጭቆ ምሕጻብ

četka za leđa

ኣስባስላ ሕቖ

sapun

ሳምና

gel za tuširanje

ሻወር ጀል

šampon

ሻምፑ

krpe za pranje

ጨርቂ መሕጸቢ

odvod

መውሓዚ

krema

ክረማ

dezodorans

ደዮ ጨና

ogledalo

መስትያት

ogledalo za šminkanje

ናይ ኢድ መስትያት

brijač

መላጸ

pjena za brijanje

ዓፍራ ምልጻይ

vodica poslije brijanja

ጨና ድሕሪ ምልጻይ

češalj

መመሸጥ

četka

ኣስባስላ

fen

መንቐጺ ጸግሪ

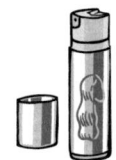

sprej za kosu

ስፕረይ ጸግሪ

puder

መመላኽዒ

karmin

ብርዒ ቀለም ከንፈር

lak za nokte

ኣዝማልቶ

vata

ጸምሪ ጡጥ

makazice za nokte

መስደዲ ጽፍሪ

parfem

ጨና

kozmetička torbica

ሳንጣ መሕጸቢ

hoklica

ድኳ

vaga

ሚዛን

kupaći ogrtač

ክዳን መሕጸቢ

rukavice za čišćenje

ጓንቲ መጸረዩ

tampon

ታምፖን

uložak za dame

ጨርቂ ሰበይቲ

hemijski toalet

ሽቓቕ ክሚስትሪ

dječija soba

ክፍሊ ቆልዑ

budilnik
ኣላርም መተስኢ
plišana igračka
መጻወቲ እንስሳ
auto za igru
መጻወቲ መኪና
zvečka
ኳሕኳሕ መበሊ
kućica za lutke
ቤት ባምቡላ
poklon
ህያብ

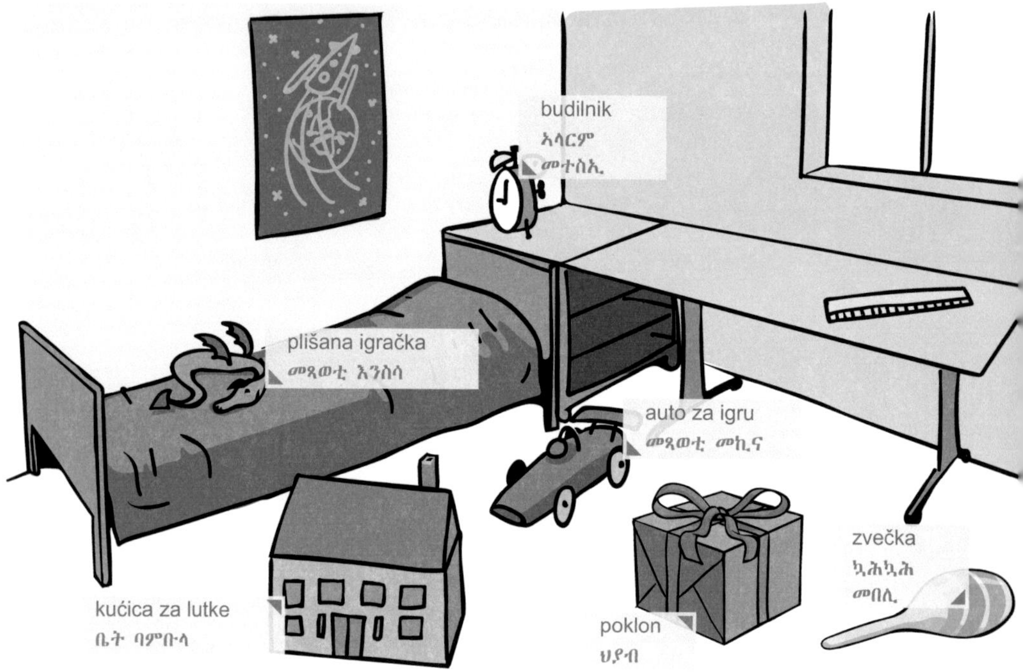

balon

ባላንችና

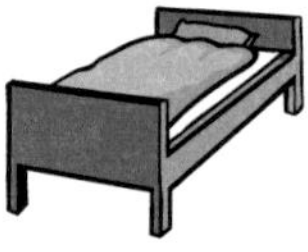

krevet

ዓራት

kolica za djecu

ሰረገላ ህጻን

karte za igranje

ጸወታ ካርታ

puzle

ሕንቅሊተይ

strip

ኮሜዲ

lego kockice

እምንታት መጻወቲ ለጎ

kockice za gradnju

መጻወቲ እምንታት

akcione figure

በዓል ኣክቾን

benkica

ክዳን ማማይ

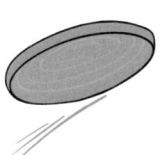

frizbi

ፍሪስቢ

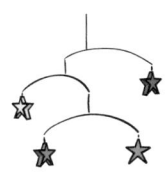

mobile

ሞባይል ማማይ

igra na ploči

ጸወታ ሰሌዳ

kocka

ኩቦ

miniatura željeznice

ሞደል ባቡር ምድሪ

cucla

ዓባስ

zabava

ፓርቲ

slikovnica

መጽሓፍ ስእሊ

lopta

ኩዕሶ

lutka

ባምቡላ

igrati

ተጻወተ

pješćanik

መጻወቲ ሑጻ

ljuljačka

ሰላል

igračke

መጻወቲታት

konzola za igru

ኮንሶል ቪድዮ

triciklo

መጻወቲ ሰለስተ መንኮርኮር

medvjedić

ተዲ

ormar

ክብሒ ክዳን

odjeća

ክዳን

kratke čarape

ካልስታት

čarape

ነዊሕ ካልስታት

hulahopke

ስረ ካልሲ

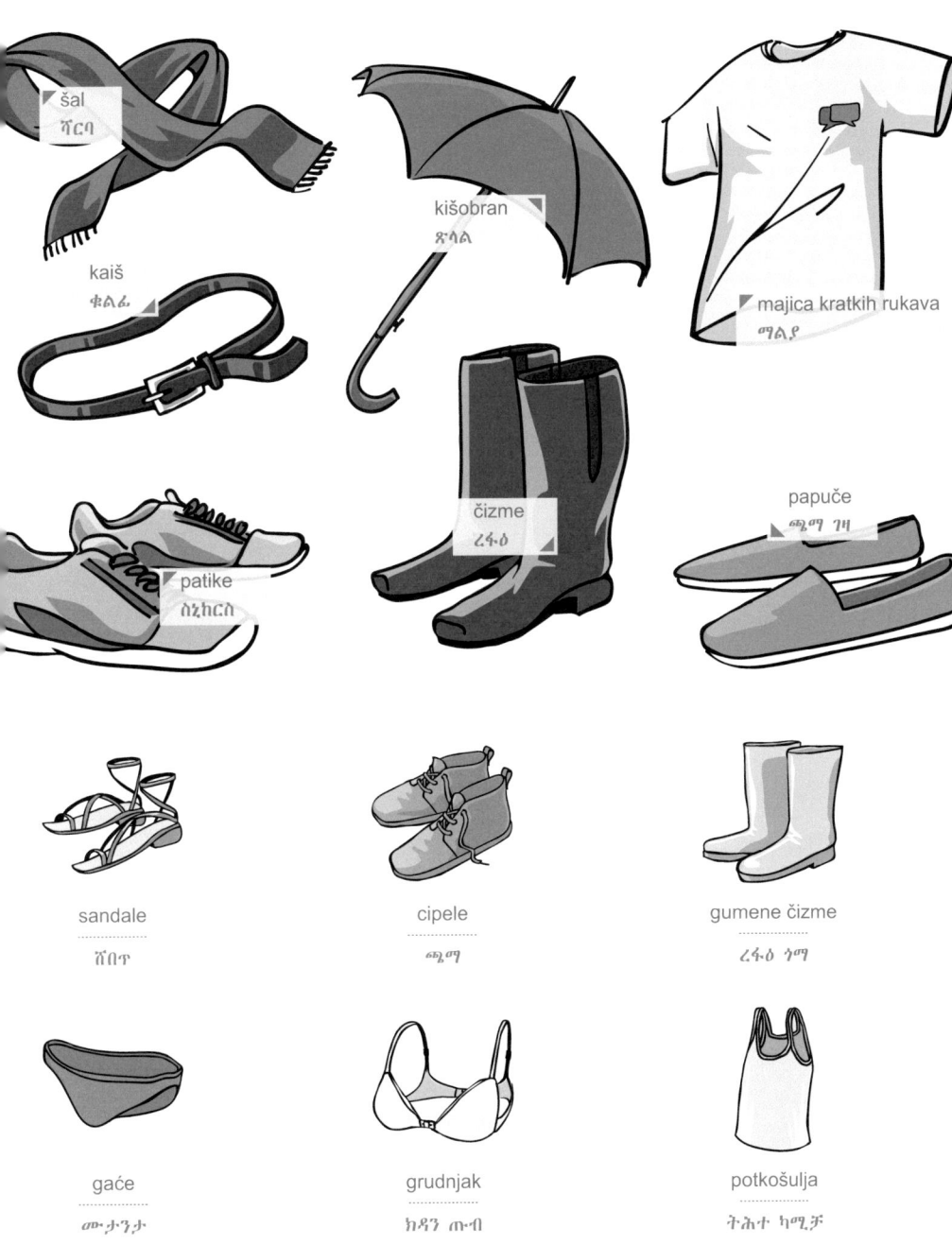

šal
ሻርባ

kišobran
ጽላል

majica kratkih rukava
ማልያ

kaiš
ቁልፊ

čizme

patike
ስኒከርስ

papuče
ጫማ ገዛ

sandale

ሸበጥ

cipele

ጫማ

gumene čizme

ረፋዕ ጎማ

gaće

ሙታንታ

grudnjak

ክዳን ጡብ

potkošulja

ትሕተ ካሚቻ

bodi

ቦዲ

hlače

ስረ

farmerke

ጂንስ

suknja

ቀምሽ

bluza

ካምቻ

košulja

ካሚቻ

džemper

ጉልፎ

majica

ጎልፎ

sako

ጃኬት

jakna

ጃከት

mantil

ጁባ

kišni mantil

ክዳን ዝናብ

kostim

ኮስቱም

haljina

ቀምሽ

vjenčanica

ቀምሽ መርዓ

odijelo

ልብሲ

spavaćica

ካሚቻ ለይቲ

pidžama

ክዳን ለይቲ

sari

ሳሪ

marama

መሃረብ ርእሲ

turban

ቱርባን

burka

ቡርካ

kaftan

ካፍታን

abaja

ኣባያ

kupaći kostim

ክዳን መሕምበሲ

kupaće gaće

ስረ መሕምበሲ

kratke hlače

ሓጺር ስረ

trenerka

ክዳን ታዕሊም

pregača

በጃ ክዳን

rukavice

ጓንቲ

dugme

መልጎም

naočare

መነጽር

narukvica

በንናጅር

ogrlica

ማዕተብ

prsten

ቀለበት

naušnica

ኩትሻ

kapa

ቆብዕ

vješalica

መንበሪ ጁባ

šešir

ባርኔጣ

kravata

ካርራቫት

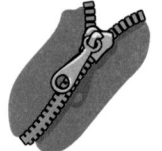

patentni zatvarač

ሻርነጣ

kaciga

ሀልመት

tregeri za hlače

መድልደል ስረ

školska uniforma

ድቢዛ ቤትትምህርቲ

uniforma

ድቢዛ

podbradak

ሰደርያ ቆልዓ

cucla

ዓባስ

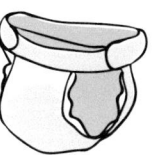

pelene

ጨርቂ ማማይ

ured

ቤት ጽሕፈት

server
ሰርቨር
ormar za kartoteku
ከብሒ ሰነድ
štampač
ፕሪንተር
papir
ወረቐት
monitor
ሞኒቶር
miš
pisaći sto
ጣውላ ምጽሓፍ
registrator
tastatura
ኪቦርድ
korpa za papir
ጎሓፍ ወረቐት
kompjuter
ኮምፒተር
stolica
መንበር

šolja za kafu

ብርጭቆ ቡን

kalkulator

ካልኩለተር

internet

ኢንተርነት

laptop

ለፕቶፕ

pismo

ደብዳበ

poruka

መልእኽቲ

mobilni telefon

ሞባይል

mreža

ነትወርክ/መርበብ

aparat za kopiranje

መቅድሒ ፎቶኮፒ

softver

ሶፍትዌር

telefon

ተለፎን

utičnica

ሶከት ኳረንቲ

faks

ፋክስ

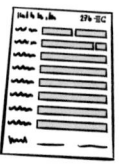

formular

ፎርም

dokument

ሰነድ

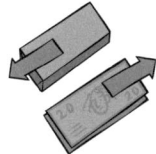

kupovati

ገዝአ

platiti

ከፈለ

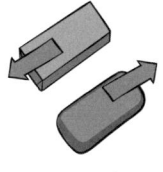

trgovati

ንግዲ

novac

ገንዘብ

dolar

ዶላር

euro

ኦይሮ

jen

የን

rublja

ሩብል

franak

ስዊዝ ፍራንክን

renminbi jen

ረንሚንቢ ዩዋን

rupi

ሩፒየ

bankomat

መውጽኢ ማሺን ገንዘብ

mjenjačnica

ቦታ ቅያር ገንዘብ

zlato

ወርቂ

srebro

ብሩር

nafta

ዘይቲ

energija

ሓይሊ

cijena

ዋጋ

ugovor

ውዕል

porez

ቀረጽ

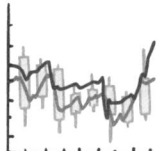

akcija

እኩብ ጥረ-ነገራት

raditi

ሰርሐ

službenik

ሰራሕተኛ

poslodavac

ኣሰራሒ

fabrika

ትካል

radnja

ዱኳን

zanimanja

ሞያታት

policajac
በዓል ፖሊስ
vatrogasac
መጠፊኢ ሓዊ
kuhar
ከሻኒ
ljekar
ሓኪም
pilot
መራሒ ነፋሪት

baštovan

ሰራሕተኛ ጀርዲን

stolar

ጸራቢ ዕንጸይቲ

krojačica

ሰፋይት

sudija

ፈራዳይ

hemičar

ቀማሚ

glumac

ተዋሳኢ

vozač autobusa

መራሒ ኣዉቶቡስ

vozač taksija

ኣውቲስታ ታክሲ

ribar

ገፋፊ ዓሳ

čistačica

ጸራጊት

krovopokrivač

ሃናጻይ ናሕሲ

konobar

ኣሰላፊ

lovac

ሃዳናይ

moler

ሰኣላይ

pekar

እንዳ ሕብስቲ

električar

ኤለትሪከኛ

građevinski radnik

ሃናጺ ኣባይቲ

inženjer

ሃንዳሲ

koljač

ሰራሕተኛ እንዳ ስጋ

limar, vodoinstalater

ድራብሊኮ

poštar

ኣማላላሲ ፖስጣ

vojnik

ወተሃደር

arhitekta

መሃንድስ

blagajnik

ተሓዝ ገንዘብ

cvjećar

ሰራሕተኛ ዕምባባ

frizer

ቀምቃማይ

kontrolor

ፈተሪኖ

mehaničar

መካኒክ

kapiten

መራሒ መርከብ

zubar

ሓኪም ስኒ

naučnik

ተመራማሪ

rabin

ራቢ

imam

ኢማም

monah

ፈላሲ

sveštenik

ቀሺ

alat

ናውቲ

čekić
kliješta
ጉጤት
izvijač
ዘዋር መስኒ
vijčani ključ
džepna lampa
ላምፓዲና

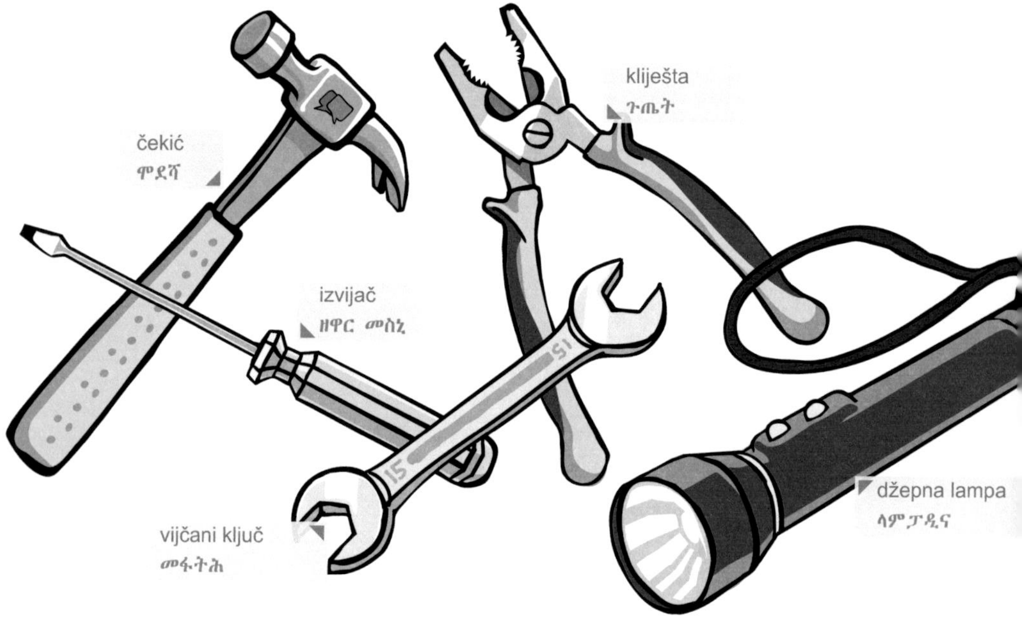

bager

ፈሓሪ

kutija sa alatom

ናውቲ ቦክስ

ljestve

መደያይቦ

testera, pila

መጋዝ

ekser

መስማር

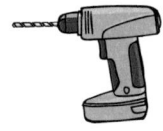

bušilica

ኰዓቲ

popraviti

ምዕራይ

lopata

ባደላ

sranje!

ኣይ!

lopatica

መትሓዚ ዶሮና

kanta boje

ድስቲ ቀለም

vijak

ካቻቢተ

muzički instrumenti

መሳርሒ ሙዚቃ

zvučnik
እስፒከር
bubnjevi
ከበሮታት
gitara
ጊታር
kontrabas
ረጕድ ዓባይ
ጊታር
truba

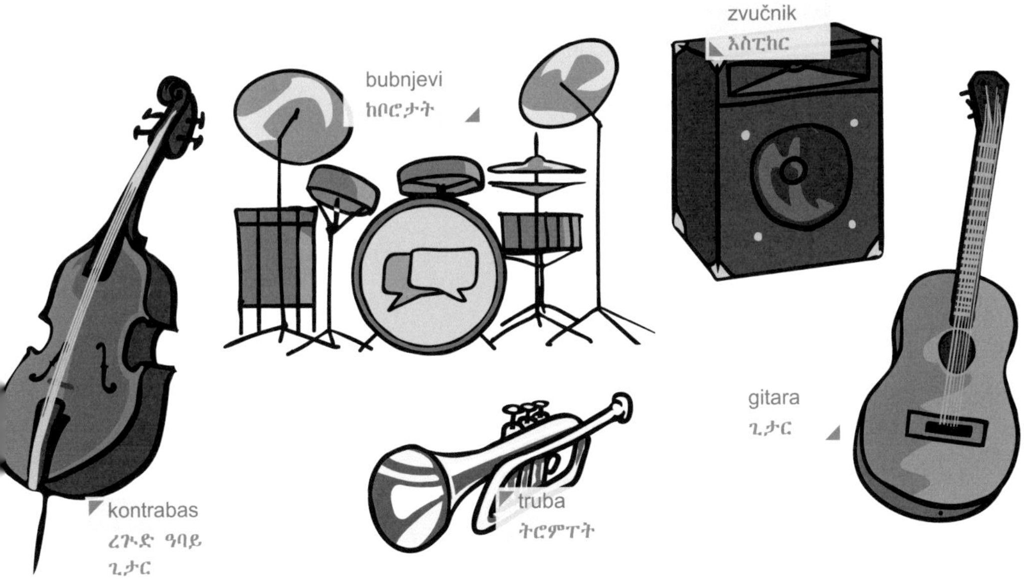

klavir

ፒያኖ

violina

ቪዮሊን

bas

ባስ ጊታር

bubanj timpani

ቲምንኢ

bubanj

ከቦሮ

sintisajzer

ኦርጋን

saksofon

ሳክሶፎን

flauta

ሻምብቆ

mikrofon

ሚክሮፎን

ulaz
መእተዊ
tigar
ነብሪ
kavez
zebra
ኣድጊ በረኻ
hrana za životinje
መግቢ እንስሳ
panda
ፓንዳ

životinje

እንስሳታት

slon

ሓርማዝ

kengur

ካንጋሩ

nosorog

ሓሪሽ

gorila

ጉሪላ

medvjed

ድቢ

kamila

ገመል

noj

ሰገን

lav

ኣንበሳ

majmun

ህበይ

flamingo

ፍላሚንጎ

papagaj

ሕንጻይ

polarni medvjed

ድቢ በረድ

pingvin

ፐንጉን

morski pas

ከልቢ ዓሳ

paun

ጣውስ

zmija

ተመን

krokodil

ሓርገጽ

čuvar u zološkom vrtu

ሓላዊ ቤት ገርድሽ

tuljan

ዓሳ ዚምገብ እንስሳ ባሕሪ

jaguar

ጃጓር

poni

ሓጺር ፈረስ

leopard

ነብሪ

nilski konj

ጉማረ

žirafa

ጂራፍ

orao

ሊላ

divlja svinja

መፍለስ

riba

ዓሳ

kornjača

ጎብየ

morž

ዋልሩስ

lisica

ወኻርያ

gazela

ሰስሓ

sport
ስፖርት

američki fudbal
ናይ ኣሜሪካ ኩዕሶ እግሪ
vožnja bicikla
ምዝዋር ብሽግለታ
tenis
ተኒስ
košarka
ባስከትባል
plivanje
ምሕምባስ
boks
ቦክሲንግ
hokej na ledu
ሆኪ በረድ

fudbal

ኩዕሶ እግሪ

bedminton

ባድሚንቶን

laka atletika

እስፖርታዊ ንጥፈታት

rukomet

ኩዕሶ ኢድ

skijanje

ስኪ

polo

ፖሎ

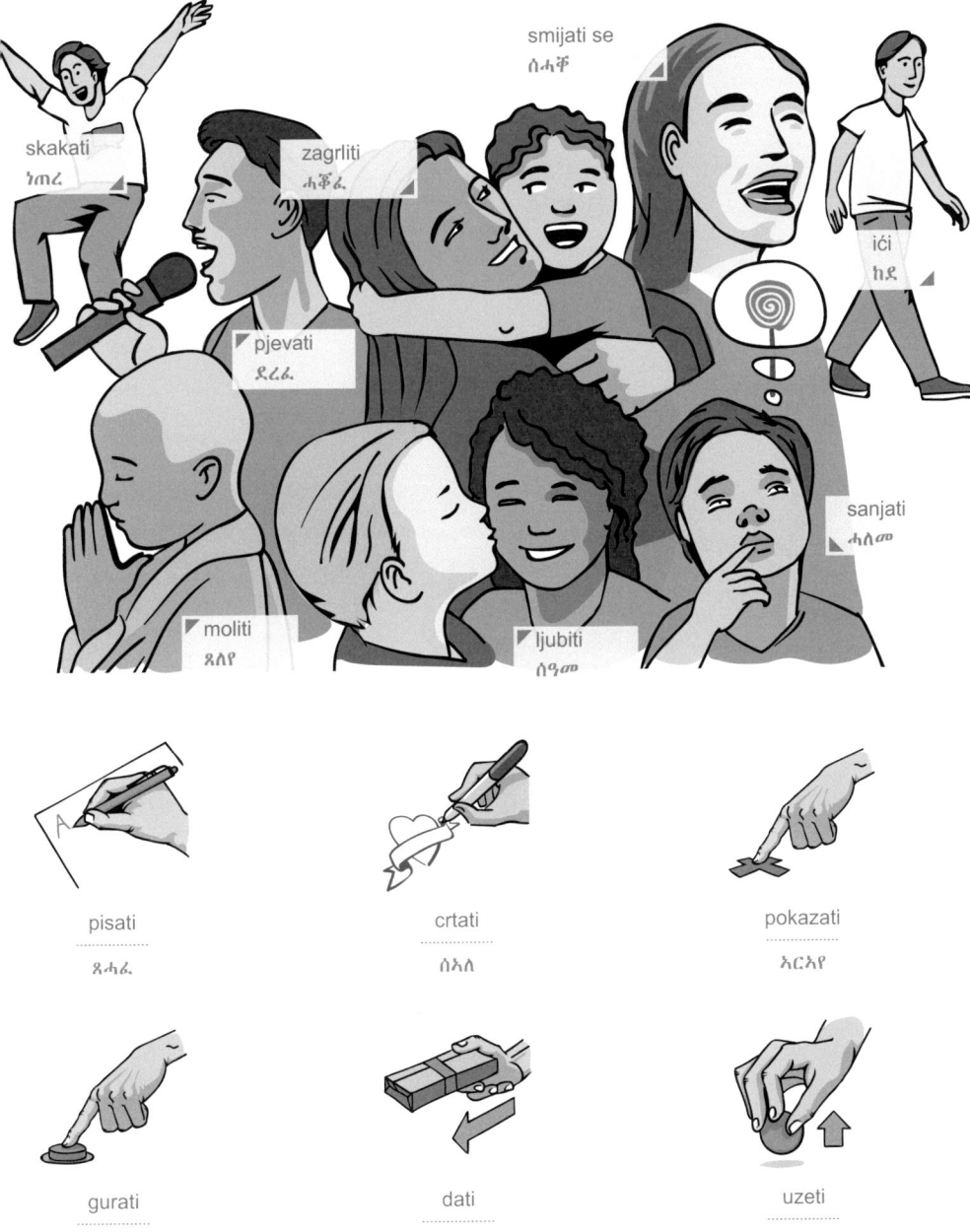

aktivnosti

ንጥፈታት

skakati
ነጠረ
zagrliti
ሓቖፈ
smijati se
ići
ከደ
pjevati
ደረፈ
sanjati
ሓለመ
moliti
ጸለየ
ljubiti
ሰዓመ

pisati

ጸሓፈ

crtati

ሰኣለ

pokazati

ኣርኣየ

gurati

ደፍአ

dati

ሃበ

uzeti

ወሰደ

imati

አለወ

raditi

ገበረ

biti

ኮነ

stajati

ጠጠው በለ

trčati

ጎየየ

vući

ስሓበ

baciti

ሰንደወ

pasti

ወደቐ

ležati

ሓሰወ

čekati

ተጸበየ

nositi

ሰከም

sjediti

ኮፍ በለ

obući

ተኸድነ

spavati

ደቀሰ

probuditi

ተስአ

pogledati

ረኣየ

plakati

በኸየ

milovati

ብኣጻብዑ ደረዘ

češljati

መሸጠ

govoriti

ተዛረበ

razumjeti

ተረድአ

pitati

ሓተተ

slušati

ሰምዐ

piti

ሰተየ

jesti

በልዐ

pospremiti

ኣቓመጠ

voljeti

ኣፍቀረ

kuhati

ከሸነ

voziti

ዘወረ

letjeti

ነፈረ

jedriti

ብመርከብ ገየሸ

računati

ደመረ

čitati

ኣንበበ

učiti

ተመሃረ

raditi

ሰርሐ

vjenčavti

መርዓወ

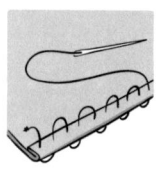

šiti

ሰፈየ

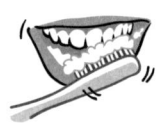

prati zube

ጽሬት ኣስናን

ubiti

ቀተለ

pušiti

ሽጋራ ተከኸ

slati

ሰደደ

baka
ዓባይ

djed
አቦሓጎ

otac
አቦ

majka
አደ

beba
ማማይ

kćerka
ጓል

sin
ወዲ

gost

ጋሽ

ujna, tetka, strina

ሓትኖ

ujak, tetak, stric

አኮ

brat

ሓው

sestra

ሓፍቲ

tijelo

ኣካላት

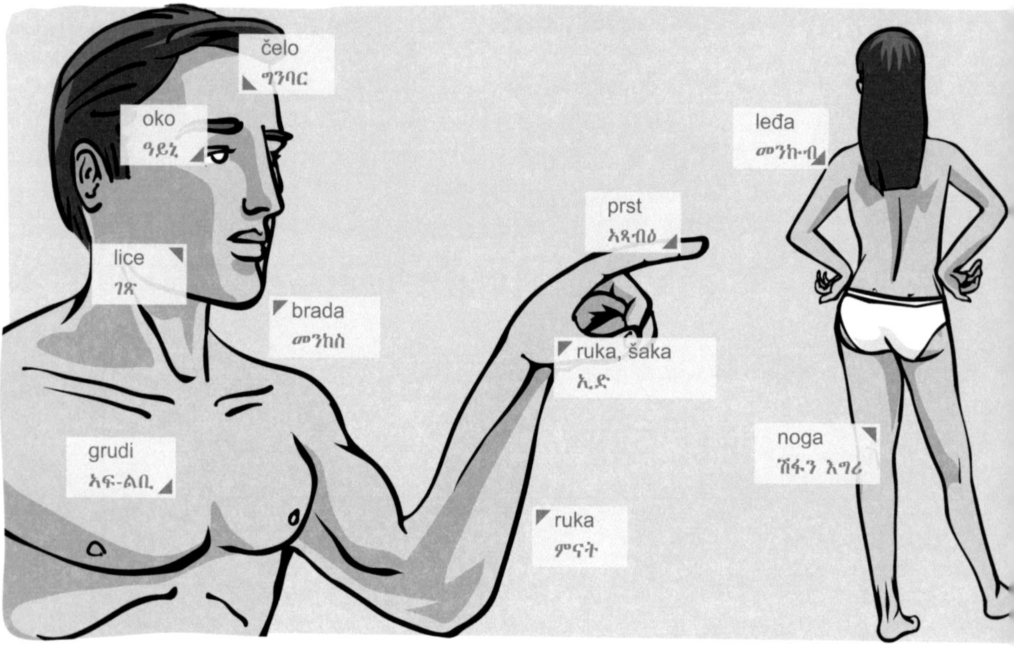

čelo
ግንባር
oko
ዓይኒ
leđa
መንኩብ
prst
ኣጻብዕ
lice
ገጽ
brada
መንከስ
ruka, šaka
ኢድ
noga
ሽፋን እግሪ
grudi
ኣፍ-ልቢ
ruka
ምናት

beba

ማማይ

muškarac

ሰብኣይ

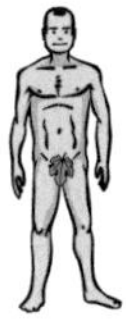

žena

ሰበይቲ

djevojčica

ጓል

dječak

ወዲ

glava

ርእሲ

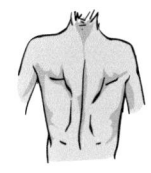

leđa

ሕቖ

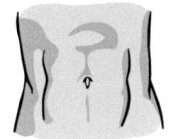

stomak

ከስዐ

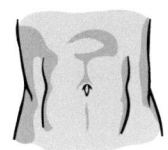

pupak

ሕምብርቲ

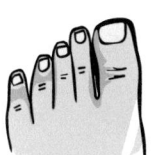

nožni prst

ኣጻብዕ እግሪ

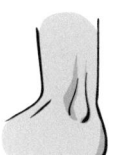

peta

ኩርኹሪ

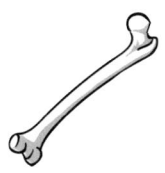

kosti

ዓጽሚ

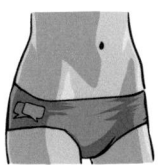

kuk

ምሕኩልቲ

koljeno

ብርኪ

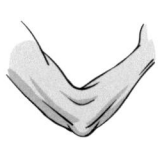

lakat

ፍግፍጎ

nos

ኣፍንጫ

stražnjica

መዓኮር

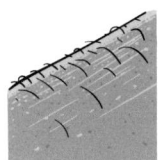

koža

ቆርበት

obraz

ምዕጉርቲ

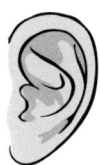

uho

እዝኒ

usna

ከንፈር

usta

ኣፍ

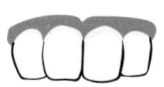

zub

ስኒ

jezik

መልሓስ

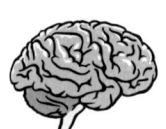

mozak

ሓንጎል

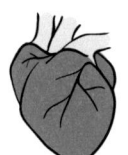

srce

ልቢ

mišić

ጭዋዳ

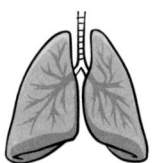

pluća

ሳንቡእ

jetra

ጸላም ከብዲ

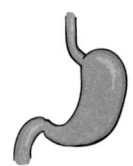

želudac

ከብዲ

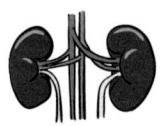

bubreg

ኩሊት

spolni odnos

ግብረ ስጋ

kondom

ኮንዶም

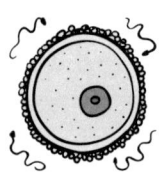

jajna ćelija

እንቋቑሖ

sperma

ዘርኢ ተባዕታይ

trudnoća

ጥንሲ

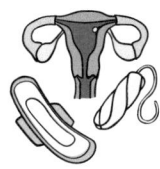

menstruacija

ጽግያት

vagina

ርሕሚ

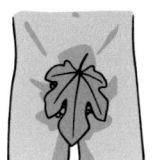

penis

መትሎ

obrva

ሽፋሽፍቲ

kosa

ጸጉሪ

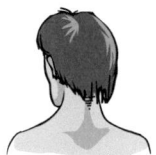

vrat

ክሳድ

bolnica

ሆስፒታል

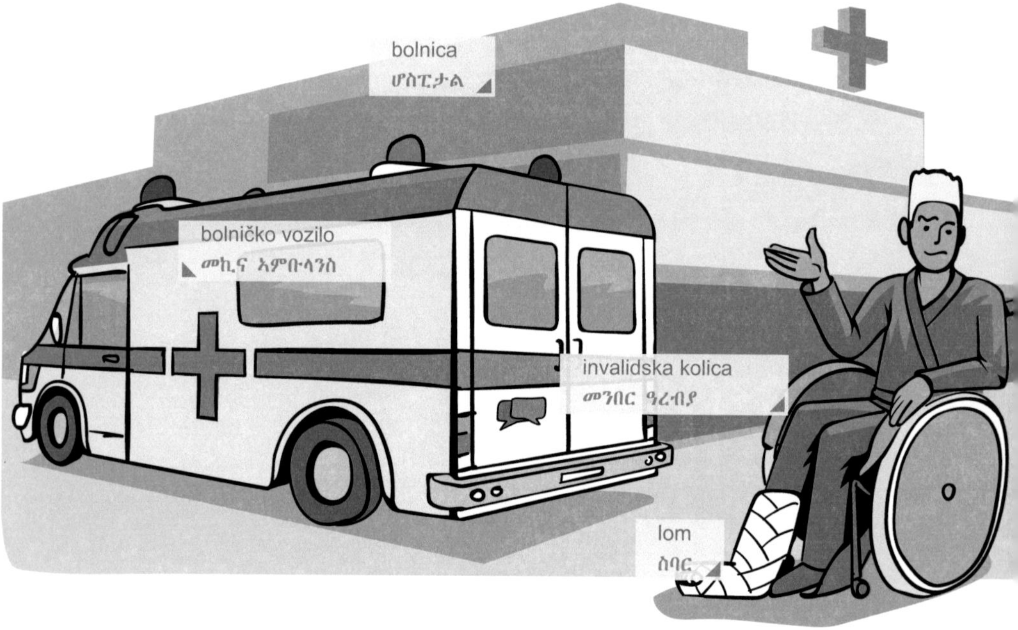

bolnica
ሆስፒታል
bolničko vozilo
መኪና ኣምቡላንስ
invalidska kolica
መንበር ዓረብያ
lom
ስባር

ljekar

ሓኪም

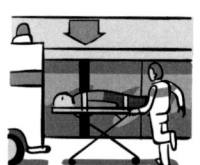

hitna služba

ክፍሊ ህጹጽ ረድኤት

medicinska sestra

ኣላይት

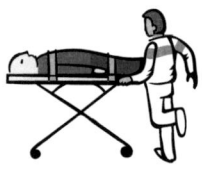

hitna pomoć

ህጹጽ ኲነት

nesvjest

ውነኡ ዘጥፍአ

bol

ቃንዛ

72 bolnica - ሆስፒታል

povreda

ጉድኣት

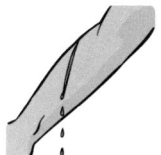

krvarenje

ደም

srčani udar, infarkt

ማህረምቲ

moždani udar

ማህረምቲ

alergija

ኣለርጂ

kašalj

ሰዓል

groznica

ረስኒ

gripa

ኡንፍልወንዛ

proljev

ውጽኣት

glavobolja

ቃንዛ ርእሲ

rak

መንሽሮ

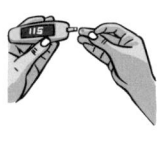

dijabetes

ሹኮርያ

hirurg

ሓኪም መጥባሕቲ

skalpel

መጥብሒ

operacija

መጥባሕቲ

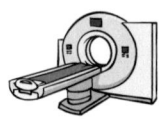

CT

CT

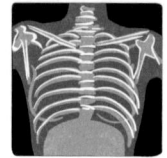

rendgen

ራጂ

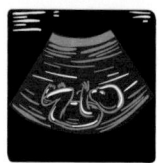

ultrazvuk

ልዕለ ድምጻዊ

maska

መሸፈኒ ገጽ

bolest

ሕማም

čekaonica

ክፍሊ ምጽባይ

štake

ምርኩስ

flaster

መጀነኒ ቑስሊ

zavoj

መጀነኒ

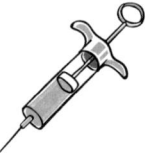

injekcija

መርፍዕ ምውጋእ

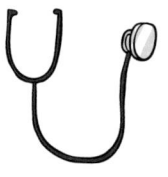

stetoskop

ስተቶስኮፕ

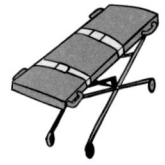

nosilo

መሰከሚ ሕማም

termometar

ቴርሞመተር

porod

ትውልዲ

prekomjerna težina, debljina

ልዕለ-ሚዛን

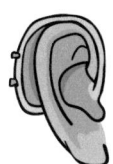

slušni aparat

ሓገዝ ምስማዕ

sredstvo za dezinfekciju

ኣንጻሂ

infekcija

ለበዳ

virus

ቫይረስ

HIV/ AIDS

ኤድስ

medicina

ሕክምና

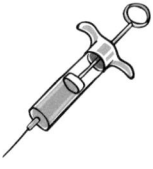

vakcinacija

ክታበ

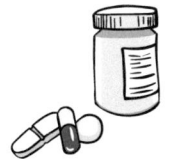

tablete

ከኒና

pilula

ከኒና

hitni poziv

ህጹጽ ምድዋል

aparat za mjerenje pritiska

መዕቀኒ ጸቕጢ ደም

bolestan / zdrav

ሕሙም / ጥዑይ

hitna pomoć

ህጹጽ ኩነት

Upomoć!

ሓገዝ

alarm

ኣላርም

napad, prepad

ምህጃም

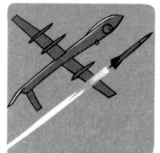

napad

መጥቃዕቲ

opasnost

ድንገት

izlaz u slučaju opasnosti

ህጹጽ መውጽኢ

Požar!

ሓዊ!

vatrogasni aparat

መጥፍኢ ሓዊ

nezgoda

ሓደጋ

torba prve pomoći

ሳንጣ ቀዳማይ ረድኤት

SOS

SOS

policija

ፖሊስ

Zemlja

ምድሪ

Europa

ኤውሮጳ

Sjeverna Amerika

ሰሜን ኣመሪካ

Južna Amerika

ደቡብ ኣመሪካ

Afrika

ኣፍሪቃ

Azija

ኤስያ

Australija

ኣውስትራልያ

Atlantik

ኣትላንቲክ

Pacifik

ፓሲፊክ

Indijski okean

ህንዳዊ ዉቕያኖስ

Antarktički okean

ኣንታርቲካዊ ዉቕያኖስ

Arktički okean

ኣርክቲካዊ ዉቕያኖስ

Sjeverni pol

ሰሜናዊ ዋልታ

Južni pol

ደቡባዊ ዋልታ

Antarktik

ኣንታርቲካ

Zemlja

ምድሪ

zemlja

መሬት

more

ባሕሪ

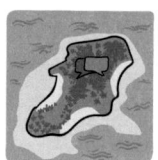

ostrvo

ደሴት

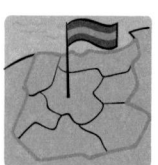

nacija

ሃገር

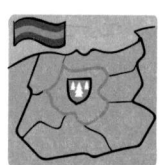

država

ዓዲ

sat

ሰዓት

brojčanik sata

ገጽ ሰዓት

kazaljka sata

ኣመልካቲ ሰዓታት

kazaljka minute

ኣመልካቲ ደቓይቕ

kazaljka sekunde

ኣመልካቲ ካልኢት

Koliko je sati?

ሰዓት ክንደይ ኣሎ?

dan

መዓልቲ

vrijeme

ግዜ

sada

ሕጂ

digitalni sat

ዲጂታል ሰዓት

minuta

ደቒቕ

sat

ሰዓት

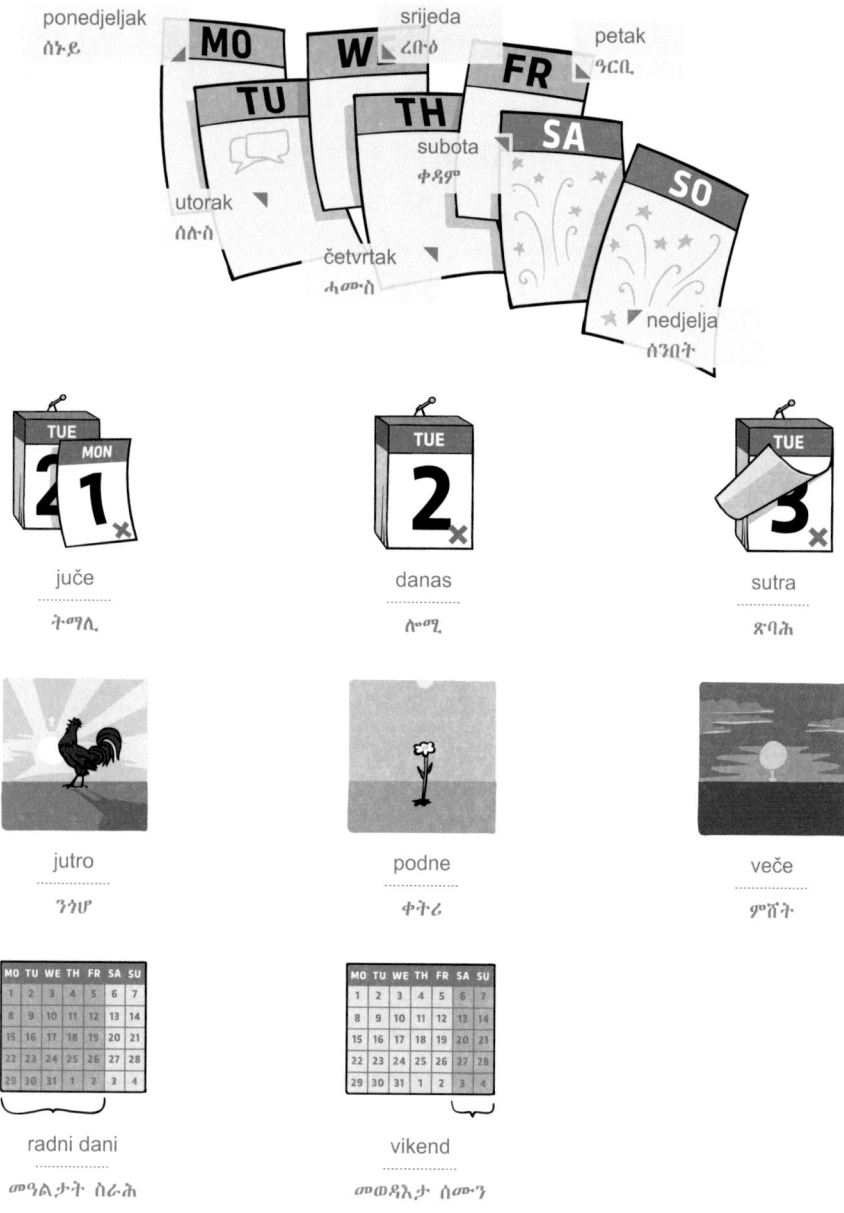

sedmica, nedjelja

ሰሙን

ponedjeljak
ሰኑይ
srijeda
ረቡዕ
petak
ዓርቢ
utorak
ሰሉስ
subota
ቀዳም
četvrtak
ሓሙስ
nedjelja

juče

ትማሊ

danas

ሎሚ

sutra

ጽባሕ

jutro

ንጉሆ

podne

ቀትሪ

veče

ምሸት

radni dani

መዓልታት ስራሕ

vikend

መወዳእታ ሰሙን

kiša
ዝናብ
duga
ቀስተ-ደመና
vjetar
ንፋስ
snijeg
በረድ
proljeće
ጽድያ
jesen
ቀውዒ
ljeto
ሓጋይ
zima
ክረምቲ

4.APRIL 11°
5.APRIL 4°
6.APRIL 13°
7.APRIL 8°
8.APRIL 10°

prognoza vremena

ትንቢት ኩነታት ኣየር

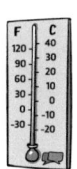

termometar

ቴርሞመተር

sunčev sjaj

ብርሃን ጸሓይ

oblak

ደበና

magla

ግመ

vlažnost vazduha

ጠሊ

munja

ብርቂ

grom

ነጐዳ

oluja

ህቦብላ

tuča, led

በረድ

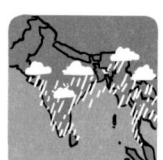

monsun

ብርቱዕ ህቦብላ

poplava

ውሕጅ

led

በረድ

januar

ጥሪ

februar

ለካቲት

mart

መጋቢት

april

ሚያዝያ

maj

ጉንበት

juni

ሰነ

juli

ሓምለ

avgust

ነሓሰ

septembar

መስከረም

oktobar

ጥቅምቲ

novembar

ሕዳር

decembar

ታሕሳስ

oblici

ቅርጽታት

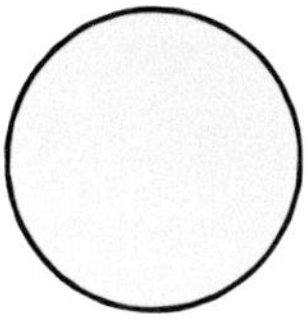

krug

ዙርያ

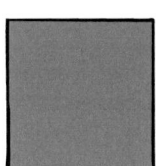

kvadrat

ትርብዒት

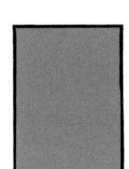

pravougao

ቅኑዕ ርቡዕ ኩርናዕ

trougao

ስሉስ ኩርናዕ

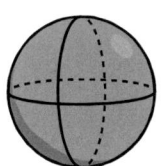

kugla

ክቢ

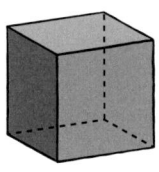

kocka

ኩቦ

boje

ሕብርታት

bjel

ጻዕዳ

žut

ብጫ

narandžast

ኣራንሺ

pink

ፒንክ

crven

ቀይሕ

ljubičast

ጁኽ

plav

ሰማያዊ

zelen

ቀጠልያ

smeđ

ቡናዊ

siv

ሓሙኽሽታይ

crn

ጸሊም

suprotnosti

ኣንጻራት

malo / mnogo

ብዙሕ / ውሑድ

ljutit / miran

ሕሩቕ / ሰላማዊ

lijep / ružan

ጽቡቕ / ክፉእ

početak / kraj

መጀመርያ / መወዳእታ

veliki / mali

ዓቢ / ንእሽቶ

svijetlo / tamno

ብሩህ / ጸልማት

brat / sestra

ሓው / ሓፍቲ

čist / prljav

ጽሩይ / ርሳሕ

potpun / nepotpun

ምሉእ / ዘይምሉእ

dan / noć

መዓልቲ / ለይቲ

mrtav / živ

ሙዉት / ህልው

široko / usko

ሰፊሕ / ጸቢብ

ukusno / neukusno

ደስ ዘበል / ደስ ዘይብል

zao / prijatan

እኩይ / ህያዋይ

uzbuđen / dosadan

ርቡጽ / ስልኩይ

debeo / mršav

ረጊድ / ቀጢን

najprije / najkasnije

ቀዳማይ / ናይ መወዳእታ

prijatelj / neprijatelj

ዓርኪ / ጸላኢ

pun / prazan

ምሉእ / ባዶ

trvd / mekan

ተሪር / ልስሉስ

težak / lagan

ከቢድ / ፈኲስ

glad / žeđ

ጥምየት / ጽምየት

bolestan / zdrav

ሕሙም / ጥዑይ

ilegalan / legalan

ዘይሕጋዊ / ሕጋዊ

inteligentan / glup

መስተውዓሊ / ስዲ

lijevo / desno

ጸጋም / የማን

blizu / daleko

ቐረባ / ርሑቕ

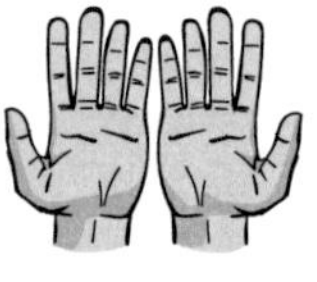

nov / polovan

ሓዲሽ / ብሉይ

ništa / nešto

ዋላ ሓደ / ገለ

star / mlad

ዓቢ/ኣረጊት / መንእሰይ

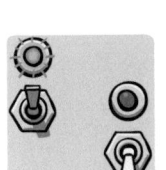

uključeno / isključeno

ወልዕ / ኣጥፍእ

otvoreno / zatvoreno

ክፉት / ዕጹው

tiho / glasno

ህዱእ / ዓው

bogat / siromašan

ሃብታም / ድኻ

tačno / pogrešno

ቅኑዕ / ግጉይ

hrapav / glatak

ሓርፋፍ / ልሙጽ

tužan / srećan

ጉሁይ / ሕጉስ

kratak / dug

ሓጺር / ነዊሕ

spor / brz

ቀስ / ቅልጡፍ

mokro / suho

ጥሉል / ንቑጽ

toplo / hladno

ምዉቕ / ዝሑል

rat / mir

ውግእ / ሰላም

brojevi

ቁጽርታት

0

nula

ዜሮ

1

jedan

ሓደ

2

dva

ክልተ

3

tri

ሰለስተ

4

četiri

ኣርባዕተ

5

pet

ሓሙሽተ

6

šest

ሽዱሽተ

7

sedam

ሸውዓተ

8

osam

ሸሞንተ

9

devet

ትሽዓተ

10

deset

ዓሰርተ

11

jedanaest

ዓሰርተ ሓደ

12

dvanaest

ዓሰርተ ክልተ

13

trinaest

ዓሰርተ ሰለስተ

14

četrnaest

ዓሰርተ ኣርባዕተ

15

petnaest

ዓሰርተ ሓሙሽተ

16

šesnaest

ዓሰርተ ሽዱሽተ

17

sedamnaest

ዓሰርተ ሸውዓተ

18

osamnaest

ዓሰርተ ሸሞንተ

19

devetnaest

ዓሰርተ ትሽዓተ

20

dvadeset

ዕስራ

100

sto

ሚእቲ

1.000

hiljada

ሽሕ

1.000.000

milion

ሚልዮን

jezici

ቋንቋታት

engleski

እንግሊዝኛ

američki engleski

ኣመሪካዊ እንግሊዛዊ

kinesko mandarinski

ቻይናዊ ማንዳሪን

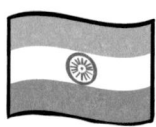

hindi

ሂንዳዊ

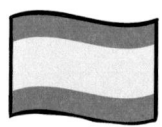

španski

እስጳኛዊ

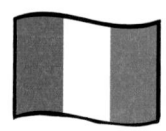

francuski

ፈረንሳዊ

arapski

ዓረባዊ

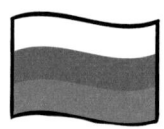

ruski

ሩሲያዊ

portugalski

ፖርቱጋላዊ

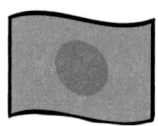

bengalski

በንጋሊ

njemački

ጀርመናዊ

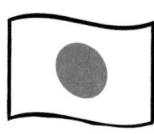

japanski

ጃፓናዊ

ko / šta / gdje

መን / እንታይ / ከመይ

ja

ኣነ

ti

ንስኻ/ኺ

on / ona / ono

ንሱ / ንሳ / ንሱ

mi

ንሕና

vi

ንስኻ

oni

ንሳቶም

ko?

መን?

šta?

እንታይ?

kako?

ከመይ?

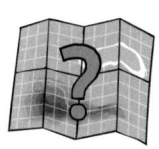

gdje?

ኣበይ?

kada?

መዓስ?

ime

ሽም

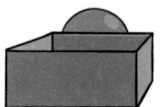

gdje

ኣበይ

iza

ድሕሪ

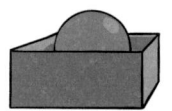

u

ኣብ

pred

ኣብ ቅድሚ

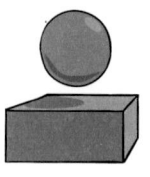

iznad

ኣብ ላዕሊ

na

ኣብ ልዕሊ

ispod

ትሕቲ ምድሪ

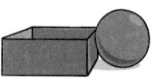

pored

ኣብ ጥቓ

između

ኣብ መንጎ

mjesto

ቦታ